MANUEL

DU

VAUDEVILLISTE

Manière de faire une pièce de théâtre,
de la faire recevoir,
jouer, réussir et prôner par les journaux.

NOUVELLE ÉDITION

corrigée et annotée

PAR

HENRI DESBORDES

PARIS

A LA LIBRAIRIE THÉATRALE

14, rue de Grammont, 14

ET CHEZ TOUS LES LIBRAIRES

1861

MANUEL

DU VAUDEVILLISTE

Paris — Typ. Cosson et comp., rue du Four St Germain, 43.

AVERTISSEMENT.

Un jour le hasard fit tomber entre nos mains un tout petit volume publié , vers les dernières années de la Restauration, sous le titre un peu prétentieux de *Manuel du vaudevilliste*. Nous parcourûmes cet opuscule et nous le trouvâmes intéressant. C'est un tableau piquant, quoique un peu chargé et même un peu paradoxal, — en certaines parties, — des mœurs dramatico-littéraires sous la Restauration.

Nous avons pensé que le public prendrait à la lecture de

ce petit livre le même intérêt que nous, et nous avons entrepris d'en donner une nouvelle édition.

Toutefois, comme nous avons voulu donner à la réimpression de cet ouvrage plus qu'un intérêt rétrospectif, nous avons eu soin d'indiquer, dans des notes mises au bas des pages, comment les choses se pratiquent de nos jours. Sans cette précaution, le livre réduit au texte primitif n'aurait eu ni intérêt ni utilité pratique.

Il s'adresse aux gens du monde, aux gens de lettres et aux gens de théâtre. Nous le recommandons principalement aux jeunes gens qui débutent ou qui songent à débuter dans la carrière des lettres. Ils y trouveront d'utiles et d'excellents conseils.

Pour nous, nous n'avons d'autre titre à revendiquer que celui de commentateur... et encore !!!

Henri DESBORDES.

PRÉFACE.

Nourri dans le sérail, j'en connais les détours

L'industrie a fait chez nous de si rapides progrès. et l'esprit des affaires s'est tellement propagé dans toutes les classes de la société, que tout est à présent soumis à des règles particulières et a son charlanatisme *ad hoc*. En spéculation comme en littérature, la probité, le talent et la bonne foi sont tellement devenus accessoires, que, sans la science de faire valoir ce qu'on peut ou ce qu'on est, il est bien difficile d'obtenir le rang ou le degré d'estime que l'on mérite. Il se trouve encore de bonnes gens qui pensent obtenir justice sans intrigue : c'est pour ces vertueux patriarches que j'ai recueilli dans un manuel portatif les nombreuses observations que m'a permis de faire la succession d'un bon oncle, qui a jugé à propos de me laisser, pour consolation de sa perte, dix mille livres de rente viagère, à l'abri de toutes les vicissitudes du commerce et des chances de la Bourse. *Inde fortuna et libertas, Deus nobis hæc otia fecit, dolce far niente*, ce qui veut dire, pour ceux qui n'entendent ni la langue de Virgile, ni celle du Tasse : cette douce *flânerie* qui me permet d'observer, d'écouter, de retenir, et, ce qui n'est pas indifférent, de faire imprimer mes observations sans craindre de ruiner mon libraire..

Va donc, mon petit livre, va donc te ranger parmi tes confrères ; on dira bien du mal de toi ; mais si chaque intrigant, chaque faux ami, chaque amateur du scandale t'achète, jamais édition n'aura obtenu un succès pareil, et mon libraire pourra, grâce à toi, marier sa fille dont les beaux yeux noirs demandent en vain un mari, dans ce siècle où talents, vertus, n'ont jamais passé pour une dot.

Sans adieu, ami lecteur, plus ami encore celui qui achètera mon livre ; nous nous reverrons ce soir, demain, tous les jours, au café, au théâtre, dans les coulisses, mais plus souvent encore partout où il y aura une bonne action à faire ou quelque abus à signaler.

MANUEL

DU

VAUDEVILLISTE

CHAPITRE PREMIER.

Des qualités indispensables pour se faire auteur

C'est une chose assez drôle aujour-
d'hui, que d'entendre le sévère Boileau
défendre à un écrivain de se faire auteur,

« Si son astre, en naissant, ne l'a formé poëte. »
                    (*Art poétique*, chap. Ier.)

Pauvre Boileau !... Il s'agit bien à présent de ton astre et de ton influence ! Il est bien question d'être formé poëte ! Ce qu'il faut aujourd'hui pour être un *homme de lettres*, comme on l'entend au café des Variétés ou de la Porte Saint-Martin *, c'est une réunion de qualités indispensables qui suppléent au talent et dispensent même à la rigueur d'en avoir.

Un auteur doit être grand, fort, doué d'une jolie figure et surtout bon gastronome. La capacité de son estomac doit se prêter au nombre de petits verres, bols de punch, et même jusqu'aux modestes bouteilles de bière qu'il est exposé à qoire, suivant le nombre plus ou moins grand de ses amis. Il n'est pas mal qu'il

---

* Aujourd'hui, le café de la Porte-Saint-Martin n'est plus, à proprement parler, un café *littéraire* ; mais aussi, outre le café des Variétés, il y a la *brasserie des Martyrs*, rue de ce nom, qui est fréquentée par des littérateurs et des artistes, dit-on.

soigne, comme talent d'agrément, le
noble jeu de billard ou le pacifique do-
mino. Son adresse à ces exercices lui
permet de reconnaître les honnêtetés
qu'il reçoit, par la proposition amicale
de jouer le dîner à discrétion, ou de sou-
tenir un pari sàns courir le danger de
payer l'un ou de perdre l'autre. La
science des armes n'est pas à négliger
pour un homme de lettres!... Un vaudevilliste qui met une balle dans un as de
cœur ou qui enlève le troisième bouton
d'un gilet, a peu de choses à redouter de
ses envieux ou des journaux *. Il ne faut
pas qu'il soit d'une humeur turbulente,

---

* En ce qui concerne les journaux, nous ne savons quelle va-
leur pouvaient avoir ces conseils sous la Restauration, mais
aujourd'hui, tels qu'ils sont donnés, ils paraîtraient tout simplement absurdes. Plusieurs des écrivains qui exercent la crit -
que en 1860 ont prouvé qu'au-besoin ils savaient aller sur le
terrain et s'y conduire vaillamment. Nous n'en voulons pour
preuve que le récent duel de M. Charles Monselet, rédacteur
du *Monde illustré*, avec M. Théodore Barrière, auteur de
la Maison du pont Notre-Dame.

ou qu'il se refuse à certains arrangements, il doit au contraire accueillir en *bon enfant* les excuses d'un adversaire ou les rétractations d'un critique, surtout lorsqu'elles sont faites à la suite d'un déjeuner, auquel présidaient l'amitié et la concorde, et dont un repentir noble et franc a bien voulu faire les frais.

Si l'auteur est un fils de famille, ou s'il jouit d'une fortune honnête, il fera bien d'avoir un tilbury, ou tout au moins un cheval ; sa toilette doit être soignée : la redingote bleue et la cravate noire indiquent que l'auteur a un mince répertoire. Mais on compte peu d'équipages parmi les hommes de lettres; excepté un ou deux qui ont cabriolet et deux ou trois acteurs à voiture, l'école moderne de nos jeunes auteurs va modestement à pied.

Un auteur doit se lever matin, il n'a

guère dans sa journée que trois heures
au plus à donner à son travail. A dix
heures il doit déjeuner au café, en attendant l'heure de la répétition. A trois heures il faut qu'il se promène, ou qu'il joue
pour gagner ou son dîner ou sa demi-
tasse; à six heures il doit être au théâtre
pour surveiller la composition du répertoire, et obtenir du directeur qu'on lui
mette une pièce au moins par jour sur
l'affiche. Le temps qui s'écoule pendant
le spectacle est pour un auteur le temps
où se tient sa *bourse*, c'est dans les coulisses qu'il parle avec un confrère d'un
plan de pièce. Onze heures sonnent, et
l'auteur doit rentrer chez lui pour être le
lendemain à la besogne.

Enfin un auteur qui réunit toutes les
qualités de son état, doit être attaché à
un journal et surtout rendre compte
des représentations du théâtre où il a le

plus d'ouvrages reçus ou prêts à l'être.
On verra plus loin de quelle prépondé-
rance jouit, auprès des administrateurs
dramatiques, un homme de lettres à la
fois auteur et journaliste.

CHAPITRE II.

Du choix d'un sujet.

Ce n'est pas toujours une idée heureuse ou une inspiration due au hasard, qui décide un auteur dans le choix du sujet qu'il met au théâtre. Il en est peu à présent qui soient de pure invention. Une anecdote racontée dans un café ou dans les coulisses, une aventure de salon, un événement public, voilà ce qui alimente le plus souvent la verve de nos auteurs. Mais ce qui offre à leur douce paresse une mine féconde qu'ils exploitent sans beaucoup d'efforts, c'est la collection des théâtres étrangers que chaque auteur doit avoir dans sa bibliothèque ; avec la souscription de Ladvocat et les proverbes de Théodore Leclerc, un auteur aujourd'hui peut se composer un répertoire de douze pièces par an.

Cette nouvelle classe d'auteurs, dits *arrangeurs*, sont de vrais cosaques littéraires ; et de même que les sauvages guerriers du Don et du Tanaïs se faisaient des vêtements avec nos couvertures, messieurs les *arrangeurs* se sont composé une garde-robe avec la défroque germanique et anglaise.

Un auteur qui entend sa partie doit donc composer sa bibliothèque de toutes les pièces étrangères et même de toutes celles de l'ancien répertoire de la comédie française.

Nous avons vu arrangés, travestis,
mutilés, tous les opéras de Favart. Souvent la maladresse trahissait le larcin,
mais grâce à l'arrangement du dialogue
et le plus souvent à son emprunt servile, les auteurs touchaient joyeusement
les droits de leur confrère défunt, tandis
que la veuve ou les petits-neveux mou-
raient de faim non loin du théâtre qu'a-
vait enrichi leur mari ou leur oncle.
Cette fureur de tout s'approprier est loin
de s'être ralentie, mais les *arrangeurs*
font actuellement leurs excursions sur
les domaines littéraires de nos voisins.

L'imitation, ou ce qu'on appelle en
terme de métier la *pièce à côté* ou de
circonstance, fournit encore un sujet...
Qu'un théâtre d'un ordre supérieur donne
une tragédie ou un opéra, les pourvoyeurs de nos petits théâtres brochent
aussitôt *l'imitation* ou la *parodie.* Aux termes des règlements dramatiques, c'est

un sûr moyen d'obtenir un *tour de faveur*.
Si la pièce ne prête pas au travestisse-
ment, ou si elle a éprouvé une chute, un
auteur adroit peut encore user de la circonstance, en faisant une revue où la
pièce sifflée ne fournira qu'une scène
oiseuse et parasite, et où la pièce de *circonstance* prend alors sa place comme *pièce
de fonds.*

Voilà le fin du métier, et les confrères
inscrits à leur ordre de numéros suc-
cessifs, qui n'ont pas le droit de se plain-
dre, se promettent de profiter de la leçon
à la première occasion.

L'indiscrétion de quelques auteurs ou
le désir de parler de leurs ouvrages a
fourni à plus d'un le sujet de sa pièce.
Alors pour éviter l'accusation toujours
offensante de *plagiat,* il faut avoir soin
d'écrire de suite dans un journal *que l'on
apprend... que l'on a entendu dire* que

théâtre allait donner tel ouvrage, et que pour éviter tout soupçon d'imitation ou de plagiat, on se hâte de prendre date pour l'ouvrage que l'on fait *sous le même titre*. Les deux pièces se jouent, l'identité la plus parfaite est signalée, mais la réclamation est là, et le proverbe qui dit que les gens *d'esprit* se rencontrent est la meilleure réponse à tout.

Les réjouissances publiques, les fêtes de joyeux avénement sont encore une source qui n'est pas à dédaigner. Mais ces ouvrages nationaux, interprètes des sentiments de tous les cœurs, étant payés par la munificence royale (*), sont presque toujours faits par les pourvoyeurs en chef de chaque théâtre ; et ces messieurs ont seuls le privilége exclusif de chanter *vive le roi* sur notre scène, libre

---

* Il ne faut pas oublier que la première édition de ce livre a paru sous la Restauration ; du reste, il n'y a qu'à changer *royale* par *impériale* et *vive le Roi !* par *vive l'Empereur !*

et permis aux autres confrères de le crier *gratis* sur les boulevards.

Une fois le sujet trouvé, emprunté, copié et rarement imaginé, l'auteur doit s'occuper de chercher des metteurs en œuvre. Il faut aux maçons des aides, et l'on sait que ceux qui vont chercher le mortier et des moellons ne sont pas ceux qui construisent l'édifice. Ces metteurs en œuvre s'appellent *collaborateurs*, mot qui, en dépit de son étymologie latine, ne signifie pas toujours, dans ce cas, *travailler avec*.

CHAPITRE III.

Des collaborateurs.

Une riche bibliothèque, une féconde mémoire, ne suffisent pas pour faire une pièce. Il faut à l'auteur propriétaire du fond de l'ouvrage des ouvriers habiles qui l'exploitent.

On distingue trois espèces de collaborateurs : le *protecteur*, le *piocheur*, le *coureur*.

On est *collaborateur protecteur*, lorsque l'on a pour ami un chef de bureau de la censure, un rédacteur de journal, un

administrateur de théâtre, fût-ce même
le caissier, ou lorsque l'on est journaliste
soi-même.

Le *collaborateur piocheur* est celui qui
fait le plan, le scénario, le dialogue et
les couplets. Il lit au protecteur, qui ap-
prouve ou blâme, indique les change-
ments à faire, qu'il ne fait jamais, et de-
mande· une lecture prochaine, pour ne
pas laisser refroidir la verve du collaborateur.

Le *coureur* surveille la copie du manuscrit que l'on doit fournir à la censure. Il en presse l'examen dans les
bureaux, il va chercher le manuscrit
censuré au ministère, il a soin que les
journaux annoncent la répétition au
théâtre de l'ouvrage, et le rusé compère
ne manque jamais de dire que les loges
sont déjà louées pour la quatrième représentation. Le coureur a aussi sa petite

part dans la collaboration de l'ouvrage.
Les couplets de facture sont dans ses
attributions ; c'est lui qui apporte au
piocheur la nomenclature des enseignes
de Paris, ou les noms les plus comiques
des rues de la capitale. Il doit être un
almanach vivant qui vous dise à l'instant le nom et la demeure du marchand
à la mode, de l'établissement nouveau,
et jusqu'aux ménageries et curiosités de
toute espèce. Un coureur intelligent peut,
quand la rime est difficile, inventer son
homonyme.

Telle est la part que chaque collaborateur doit prendre dans un ouvrage ;
quand il y en a quatre, il est bien entendu que le quatrième ne fait rien,
c'est ordinairement le caissier ou le régisseur, et quelquefois même le directeur qui achète aux trois autres le droit
de signer un billet et de se dire auteur.

Le *protecteur* dit en parlant de l'ouvrage *ma pièce*, le piocheur dit *notre piéce*, le coureur dit *la piéce de monsieur un tel*.

CHAPITRE IV.

Des Comités de lecture.

Il serait assez plaisant de donner ici la nomenclature des membres composant les comités de lecture de nos petits théâtres*. Cette réunion offre des portraits bizarres que nous livrons au pinceau un peu acéré de nos biographes in-32. Nous nous sommes fait une loi de nous abste-

---

* Il n'y a maintenant de comité de lecture qu'au Théâtre-Français : ce comité de lecture se compose des sociétaires du théâtre. Dans les autres théâtres, c'est le directeur seul qui décide de la réception ou du refus d'une pièce.

nir de toute personnalité, nous traitons
la matière en général et *ex professo*, et si,
par hasard, le lecteur devine ou croit
deviner quelques-uns de nos modèles,
tant pis ou tant mieux pour son intelli-
gence.

La plupart des comités de lecture, au
lieu d'être composés de vieux écrivains
retirés des affaires dramatiques, et de
quelques bons auteurs, n'offrent au contraire qu'une réunion d'éléments souvent hétérogènes. Les directeurs, les actionnaires, les amis des uns et des
autres, que leur état ou leur profession
appellent cinq jours de la semaine à des
occupations antilittéraires, composent
ordinairement le grave aréopage.

Il est de la dignité d'un membre d'un
comité de conserver un imperturbable
sang-froid ; quelques-uns poussent la
gravité jusqu'à écouter un ouvrage les

yeux fermés; d'autres, de meilleure foi,
dorment tout bas ou ronflent tout haut;
ceux-ci, plus légers de caractère, dessi-
nent des bonshommes sur le tapis, ou
coupent la table avec un canif.

La plus mauvaise saison pour une lecture, c'est une chaleur de 25 degrés;
l'auteur sue sang et eau, et ses auditeurs
bâillent à qui mieux mieux. Il existe
dans un théâtre secondaire de la capitale un second comité, véritable conseil
de révision composé de femmes, qui con-
firme ou casse les arrêts de la première
cour et indique à l'auteur une représentation prochaine ou l'ajourne indéfini-
ment.

Ce n'est pas un petit talent, que celui
de faire sourire un comité de lecture;
Piron a eu cent fois moins de peine à
faire rire aux éclats tout un guet. L'auteur doit jouer sa pièce en entier; il doit

donner à chaque personnage le ton et la
couleur qui lui convient; il est son acteur, sa troupe entière à lui tout seul.
Il faut qu'il chante comme Ponchard,
joue comme mademoiselle Mars, parle
du nez comme Baptiste, ou du gosier
comme mademoiselle Leverd. En un mot
il doit être un second Protée pour faire
entendre aux magnifiques seigneurs l'intention et l'esprit d'un ouvrage.

Après sa lecture l'auteur salue et se
retire. Il n'y a qu'un seul théâtre à Paris
où les bulletins de réception ou de refus
se composent en présence de l'auteur;
nous pouvons aussi affirmer que c'est
le comité où il règne le plus de bonne
foi. Dans les autres théâtres, les membres écrivent avec plus ou moins de facilité le bulletin qui énonce leur opinion.

Chaque membre adopte un protocole

qui finit bientôt par trahir son incognito. Celui-ci termine une analyse froide et prétentieuse par un *je refuse* bien ec, quoiqu'il manque rarement d'ajouter en guise de parafe un pâté.

Celui-là, plus honnête, mais non moins sévère, écrit très-proprement : *Je refuse avec regret.*

L'un termine le libellé de son opinion par cette phrase plus humaine : *J'aurais désiré recevoir, mais je refuse.*

Enfin cet autre, qui n'a pas entendu ou compris un seul mot, concilie la distraction de son esprit avec l'honnêteté de son âme, en écrivant : *Je reçois à correction *.*

---

* Cette expression est maintenant consacrée. Recevoir une pièce *à correction*, c'est la *refuser poliment.* La Comédie-Française a le monopole de ces refus polis. On refuse purement et simplement les pièces des simples mortels; mais on reçoit à correction celles de certains personnages, comme qui dirait M. Adolphe Granier de Cassagnac, département du Gers, chef-eu Auch.

Le lendemain, le secrétaire de l'administration transmet à l'auteur l'expédi-
tion de son jugement, et ne se sert que
de ces deux phrases : *C'est avec regret ou
avec plaisir que j'ai l'honneur de vous trans-
mettre*... le reste à peu près comme au
bas d'une lettre.

Il y a peu d'espoir de captiver les suffrages de ce redoutable conseil. Le meilleur ouvrage ne serait pas encore le meilleur moyen. Il faut qu'un auteur apporte
le tact le plus fin dans la distribution
qu'il doit indiquer de ses rôles. A tel
théâtre, qu'il ne manque pas de donner
le premier rôle, fût-ce même celui de
l'ingénu, à la sultane un peu *validée* du
théâtre. Dans tel autre, qu'il ne demande
pas pour son amoureux l'amant favorisé
de la maîtresse d'un administrateur, ou
pour soubrette la rivale de cette maîtresse, la boule noire est déjà préparée.

Ce membre auditeur n'aime des airs de vaudeville que ceux qui lui rappellent *Arlequin-Afficheur* ou *Colombine-Mannequin*. Cet autre ne veut entendre que du Rossini ou de la *Dame-Blanche*.

Entre tous ces écueils la route est difficile, et nous ne pouvons que laisser à la sagacité de l'auteur à trouver le moyen de les éviter. Il faut donc qu'il chevrote un pont-neuf, en avertissant tout bas le dilettante que les paroles vont sur un air de *la Neige*. Qu'il donne le rôle à l'actrice en faveur, sauf à ne pas le lui donner après; enfin qu'il appelle à son secours toutes les ruses de guerre pour remporter la victoire. Nous terminerons ce chapitre qui n'est encore qu'une esquisse imparfaite, en prévenant les auteurs contre un caractère d'auditeur qu'il n'est pas facile de dompter, c'est le *rieur*; il existe dans un certain comité un auditeur affable, bénévole, dont l'expansive gaieté ne connaît aucune entrave, il rit au titre de l'ouvrage, il rit à chaque scène, il éclate à l'endroit décisif, il pleure à chaudes larmes au dénoûment, il rit encore quand vous fermez la porte, et il vous refuse votre pièce en riant. Le moyen d'en vouloir à cet homme-là ?... Possesseur d'une mémoire foudroyante, il vous cite trente pièces qui ressemblent à la vôtre, à défaut de souvenir il en composerait plutôt une. Du reste, sa présence au comité est une bonne fortune pour l'auteur; sa gaieté le soutient et l'encourage, et du moins il conserve, un jour de plus, l'espérance qui presque toujours l'abandonne ou fait place à la crainte quand on est admis dans le redoutable fauteuil.

Il est d'usage, dans un comité comme il faut, d'encourager l'auteur et de l'en-

gager à travailler pour le théâtre. Il est
bien juste, quand messieurs les membres reçoivent un jeton de présence,
qu'ils donnent à un pauvre auteur une
fiche de consolation !

CHAPITRE V.

De la distribution des rôles.

Il ne suffit pas de faire une pièce, de la lire au comité et de la faire recevoir : l'auteur n'a pas encore atteint la moitié de sa course. Que de tribulations! que de contrariétés! que de dégoûts l'attendent encore avant le grand jour où le public, par un seul caprice de son omnipotence, renversera d'un souffle tout cet édifice construit avec tant de peines !

Il est d'usage au théâtre de lire aux

acteurs les rôles qu'on leur destine dans l'ouvrage, que la faveur ou l'ordre de réception désignent pour être mis en *répétition*. Ce serait un miracle, au théâtre, que de trouver sur quatre acteurs un seul content de son rôle ; sur dix actrices vous n'en trouverez pas une : c'est vraiment dans cette proportion. La duègne encore fraîche trouve son caractère trop vieux ; n'espérez pas qu'elle consente à se grimer pour mieux rendre son personnage. La jeune première, qui se croit une actrice à roulades, veut un morceau du *Barbier de Séville,* au lieu du monologue obligé. Le premier rôle trouve son rôle trop long, la soubrette le sien trop court. Les observations les plus niaises, les exigences les plus ridicules, viennent vous assiéger de toutes parts. Il n'y a pas jusqu'à l'amoureux fraîchement sorti du théâtre Seveste qui n'ait aussi ses prétentions.

Si, par une faveur insigne, vous obtenez les deux premiers sujets de la troupe, l'un ne manquera pas de vous demander de supprimer dans le rôle de son rival tout ce qui peut le rendre plus brillant que le sien. La vérité du personnage, le naturel de la situation, sont, pour ces messieurs et ces dames, de puériles considérations. Je pourrais citer plus d'un ouvrage qui n'a dû sa chute ou son demi-succès qu'à mille et une concessions que le malheureux auteur a été obligé de faire à tout ce que l'amour-propre a de plus exigeant, ou la vanité de plus ridicule ; et ce sera cent fois pis encore lorsqu'il s'agira d'indiquer le costume !...

C'est une pitié de voir sur nos théâtres avec quelle ignorance des convenances dramatiques les acteurs, et plus encore les actrices, savent habiller un rôle. Gardez-vous bien d'indiquer une robe courte à l'amoureuse qui a une vilaine jambe, un fichu à la jeune première qui a de belles épaules. Vous ne ferez jamais comprendre à la soubrette qu'une servante ne porte pas de diamants. L'adolescent de la troupe ne veut jouer qu'en habit de hussard ; il n'y a pas jusqu'au père noble qui ne veuille au moins trois décorations à sa boutonnière * ! ...

Les acteurs ne se persuadent pas assez combien la vérité dans le costume amène sans effort le naturel dans le dialogue. On ne saurait trop leur répéter que le costume est au personnage ce que sont les décors au lieu de la scène. Le Vésuve

---

* Cela pouvait se passer ainsi autrefois, mais maintenant il n'en est plus ainsi. Aujourd'hui, les convenances dramatiques sont parfaitement observées, surtout dans nos principaux théâtres.

couronné de neige, ou une éruption au milieu du mont Saint-Bernard, ne seraient pas plus ridicules que les contre-sens que nous remarquons tous les jours sur la scène*.

Un auteur doit apporter la plus grande attention pour concilier l'intérêt de son ouvrage et les exigences de ses acteurs; et, s'il faut que l'un des deux souffre, il ne doit pas hésiter à sacrifier fût-ce même la moitié de son ouvrage, s'il veut sauver l'autre moitié.

C'est ainsi qu'un pilote adroit jette à la mer une partie de ses marchandises pour sauver le reste de son équipage.

---

* Aujourd'hui, la mise en scène se distingue généralement par une grande vérité de couleur locale.

CHAPITRE VI.

Des répétitions, de la mise en scène et de la répétition
générale

Enfin les rôles sont distribués, accep-
tés, appris, augmentés, coupés, corrigés,
sus à peu près, et l'on va metttre ce que
l'on appelle la *pièce en scène.*

C'est à présent que l'auteur reprend
un peu son avantage ; et, pour peu qu'il
ait le soin d'avertir avec douceur les acteurs de leurs défauts, de faire ressortir
avec éclat leurs qualités, de blâmer tout

bas, de louer très-haut, il peut se croire
à peu près maître du terrain. Qu'il se
garde cependant de répéter au jeune premier qu'il est inutile de crier à se détacher
les poumons ou à se fendre la tête ;
que la passion s'exprime d'une manière
bien plus tragique par une pantomime
expressive, que par des cris qui s'appli-
quent à tout et finissent par ne plus rien
signifier ; que ces suspensions dans le
dialogue, les sons monotones et entre-
coupés allongent la scène inutilement,
et prolongent une situation dont la rapi-
dité peut seule sauver le défaut de naturel. Il est un moyen sûr de faire entendre raison à l'acteur le plus vain de son
talent, ou le plus entêté de sa manière.
Gardez-vous de l'avertir devant ses camarades ; il vous citera alors tous ses
rôles à succès, il vous traînera impitoya-
blement de ville en ville, partout où il
aura obtenu un triomphe, et s'il adopte

votre opinion sans que vous ayez pu le
convaincre, soyez sûr qu'il sera encore
plus mauvais qu'auparavant. Proposez-
lui votre observation comme un doute,
en la commentant il croira l'avoir faite
lui-même, et vous le verrez souple et
soumis à vos avis.

Quant aux actrices, armez-vous de pa-
tience; leurs mutineries, leurs enfantil-
lages commenceront d'abord par vous
amuser; mais dépêchez-vous d'en rire
afin de ne pas vous en fâcher. L'une
perdra son rôle, dont elle aura fait des
papillotes, l'autre vous fera attendre
pendant une heure, et en perdra une
seconde à se disputer avec son régisseur.
Celle-ci ne dira pas un mot de votre
pièce, et vous soutiendra que c'est ab-
solument la même chose, à quelques
barbarismes près. Celle-là vous répondra qu'elle ne peut jouer que de la ma-

nière qu'elle sent, ce qui veut dire qu'elle sent mieux que vous. Enfin vous en trouverez une qui vous rendra poliment son rôle, en vous disant en style noble de coulisses que c'est une *galetie*, et qu'elle n'est pas engagée pour jouer des accessoires.

La mise en scène est fort importante pour le succès d'une pièce. Il y a peu d'auteurs à Paris qui possèdent l'art de mettre en scène leurs ouvrages. Cuvelier et Guilbert Pixéricourt peuvent être cités comme des modèles en ce genre.

Dans plusieurs théâtres, le soin de la mise en scène est confié au régisseur*, mais presque tous ces messieurs croient

---

* C'est l'auteur qui, de concert avec le régisseur, règle maintenant la mise en scène ; hâtons-nous d'ajouter que les régisseurs de nos jours s'acquittent de leur tâche, souvent si difficile, d'une manière bien plus intelligente que ne le faisaient, au dire de l'auteur du manuel, ceux de 1825.

avoir rempli leur charge, lorsqu'ils ont
indiqué la répétition, prévenu les acteurs, mis à l'amende quelques malheureux comparses, frappé les trois coups et
crié : *Au rideau !* C'est donc à l'auteur ou
aux auteurs de l'ouvrage de surveiller la
mise en scène, indiquer les intentions du
rôle, régler les entrées et les sorties des
personnages, et dessiner ce qu'on appelle
un *tableau*.

C'est aux répétitions que l'on fait les
coupures, les *raccords* ou les *suppressions*.

Une *coupure* est la soustraction d'une
partie d'une scène qui la prolonge inutilement ou d'un couplet qui en arrête la
marche, et, par conséquent devient inutile.

On appelle *raccords* quelques mots ou
même un couplet qui lient ensemble la
scène ou le morceau qui précède une

coupure avec ce qui la suit, de manière à ce que le public ne s'aperçoive pas de la lacune.

Une *suppression* est le retranchement définitif de la phrase du couplet, et quelquefois même du personnage ou du caractère qui ont éveillé à tort ou à raison la susceptibilité méticuleuse de la *censure*. Ce morceau supprimé est presque toujours le plus saillant de l'ouvrage, et l'on pourrait citer plus d'une pièce qui présentée ainsi mutilée au public, a paru froide ou décolorée, et n'a dû sa chute et son demi-succès qu'aux suppressions exigées par la censure.

Il faut que l'acteur fasse un effort de mémoire pour ne pas reproduire à la représentation le morceau mis à l'index, la suspension de l'ouvrage suivrait immédiatement ce *lapsus memoriæ*, même sans

maligne intention. L'auteur doit donc
apporter le plus grand soin à ce que le
passage proscrit disparaisse du manuscrit, des répétitions, et surtout de la
mémoire un peu mécanique de son
acteur.

Il y a d'autres *coupures* qui ne se font
qu'à la seconde ou à la troisième représentation d'un ouvrage : c'est le passage
que le public raisonnable a signalé, ou
que l'expérience des quinquets a démon-
tré oiseux, froid ou inutile.

Il est une autre partie de la mise en
scène trop souvent négligée par les auteurs, c'est la surveillance de ce qu'on
appelle les accessoires. On entend par
accessoires les lettres, portefeuilles, portraits, et autres petits meubles qui ser-
vent au dénoûment d'une pièce ou à la
garniture de la scène. Une porte ouverte

par négligence, lorsque le jeu obligé de la scène exige qu'elle demeure fermée, peut compromettre le succès d'une scène ou le naturel d'une situation. Le parterre manque rarement d'accueillir par des risées et souvent même par des sifflets ces sortes de contre-sens. Que diriez-vous de la situation d'un prisonnier qui attendrait la mort dans un cachot dont la porte serait ouverte ? Un pistolet qui fait long feu, une princesse qui ne trouve pas de chaise à l'endroit où elle doit s'évanouir, peuvent assassiner, ou autrement, en terme de coulisses, *enfoncer* un mélodrame tout entier. Je ne parle pas ici d'une trappe qui ne s'ouvre pas, ou du tonnerre qui ne tombe pas sur la tête du tyran : cela regarde le machiniste et rentre dans les attributions du régisseur.

La répétition générale est celle qui pré-

cède la représentation à jour fixe. Alors
tout le monde doit être à son poste, les
rôles doivent être sus imperturbable-
ment ou jamais, ce qui arrive quelquefois. L'orchestre est au complet, le maître de ballet juge les effets, et quelques
amis privilégiés prédisent à l'auteur un
joli succès, tandis que les journalistes
prennent l'analyse de la pièce, et notent,
avec plus ou moins de bienveillance, le
morceau qui doit être *enlevé* le lendemain.

Il serait à désirer que les directeurs
prissent la bonne habitude de faire répéter généralement leurs acteurs sous le
costume de leurs rôles*. Une représenta-

---

* Depuis la première représentation de la *Vie en rose*, de
MM. Barrière et Henry de Kock, représentation qui donna lieu
à un petit scandale que nous ne pouvons pas rapporter ici, on
répète généralement en costumes, en vertu d'un ordre émané
de l'autorité compétente.

tion de plus n'ôterait rien à sa fraîcheur
et aurait l'avantage de presser la paresse
du tailleur de la troupe, et de donner
en même temps à l'acteur plus d'aisance
sous l'habit qu'il doit porter. L'auteur
pourrait alors juger si l'acteur a bien
habillé son rôle, si le costume est bien
analogue au temps où se passe l'action
et à son personnage. Au lieu de cela,
qu'arrive-t-il? L'acteur auquel on apporte dans sa loge un costume à peine
achevé, le rejette, parce qu'il lui va
mal; et, pressé de s'habiller, il en compose à la hâte un autre des défroques du
magasin, aux dépens de la vérité. Les
dames de théâtre sont plus sujettes que
les hommes à ces sortes de méprises et
de contre-sens. J'ai vu une danseuse refuser un costume arce qu'il ne dessinait
pas assez sa taille, et dissimulait trop la
blancheur de ses épaules; j'ai vu une
actrice préférer un corsage à la Ninon,

parce qu'il faisait mieux valoir ses for-
mes, à l'habillement modeste d'une petite ouvrière de la rue Saint-Denis. Ajoutez à cela que ces petites résolutions
d'actrices sont presque toujours accom-
pagnées d'humeur et de menaces de ne
jouer le rôle qu'une fois, si on veut la
contrarier. Ne croyez pas que ce petit
caprice soit sans conséquences... Pour
peu que cette actrice mutine ait un
germe de talent ou qu'elle ait tourné la
tête au directeur, il faudra que le pauvre auteur en passe par là ; encore doit-
il bien se garder de trahir le secret de la
comédie.

La première représentation ainsi préparée, d'autres soins plus graves doivent
encore occuper l'auteur, et le jour de son
triomphe ou de sa chute est pour lui le
moment où il doit le plus déployer de
prudence et consulter son *Manuel*.

CHAPITRE VII.

Du jour de la première représentation, du placement des billets et du chef de cabale.

Il est rare qu'un auteur dorme d'un sommeil paisible la nuit qui précède la réprésentation de son ouvrage. Brutus et le grand Condé reposaient tranquillement la veille d'une bataille; mais un auteur est bien autrement agité : son amour-propre et son tailleur sont puissamment intéressés au succès ou à la chute de l'ouvrage; et tout auteur qui me dira que son cœur n'a pas battu au cri

terrible du régisseur : « *Place au théâtre !
Au rideau !* » a peut-être encore plus d'a-
mour-propre ou moins de bonne foi.
N'avons-nous pas entendu dire que Tu-
renne avait senti son cœur défaillir à la
première bataille ?...

Le grand jour est arrivé ; la matinée
est consacrée à la signature des billets
appelés de *service*. Les amis de l'auteur
assiégent sa porte, chacun lui promet
l'appui de deux fortes mains, et même,
au besoin, de deux poings vigoureux. L'un
répond du balcon, l'autre de la galerie ;
tous font preuve de bonne volonté ou de
zèle.

Il est un usage de courtoisie établi parmi
les auteurs. Ceux dont on joue les ouvrages avec la pièce nouvelle offrent leurs
billets au nouveau confrère *. Cette at-

---

* Il est réellement fâcheux que cet excellent usage ne se soit
pas maintenu parmi les auteurs dramatiques.

tention délicate ne les prive pas cependant du droit de trouver la pièce mauvaise, et certains savent très-bien concilier cette douce fraternité et quelques
petits ressentiments de jalousie de métier.

Chaque acteur jouant dans la pièce
nouvelle reçoit de l'auteur un billet; ce
billet, comme tous les autres, est remis
de suite au *chef de cabale**, qui peut
aussi se croire un des collaborateurs de
la pièce. L'acteur lui recommande de
soigner son entrée, l'actrice lui indique
l'entrée à la *claque*. Le chef de cabale
doit apporter un soin extrême à la manière dont il place son escadron; c'est
vraiment une tactique. La cabale dite

---

* Aujourd'hui, on ne l'appelle plus chef de cabale, on l'appelle
chef de claque. La place de chef de claque à certains théâtres
est éminemment lucrative et se vend tout comme une charge
d'avoué ou de notaire.

du *lustre* est à présent si décriée, que ce serait une faute énorme que de concentrer les claqueurs à la même place. Aujourd'hui il y a ce qu'on appelle les feux croisés : cabale du parterre, cabale du paradis, voire même cabale des galeries. Il faut, pour un succès bien posé, que les bravos partent à la fois de tous les points de la salle ; les loges seules sont abandonnées au public payant : on sait que rarement les locataires des loges sifflent, ils se contentent de bâiller. Mais ce qu'il faut envahir, comprimer, c'est cet indocile parterre* ; aussi un directeur qui entend bien son métier fait en-

---

* Le *parterre* n'est sans doute mis ici que par politesse, car, sauf le parterre de l'Odéon, qui fait autorité, et qui est bien le plus intelligent et le plus compétent, mais aussi le plus indiscipliné et le plus intraitable que l'on connaisse (car il est composé de la fraction la plus instruite de la jeunesse française), le parterre des autres théâtres n'est guère fréquenté que par des personnes qui n'ont pas d'aptitudes littéraires et qui, du reste n'y ont aucune prétention.

Nous ne voulons pas dire, bien entendu, qu'il n'y ait des per

trer son monde par le théâtre et fait fermer son bureau au sixième billet vendu. On laisse s'empiler dans les couloirs les porteurs de billets de loges ; il n'est pas mal même de rendre l'argent aux personnes qui ne peuvent se placer : ce sont des spectateurs que l'on s'assure pour le lendemain. Que l'on place à la porte deux gendarmes à cheval pour repousser la foule des gens qui souvent ne veulent pas entrer, et voilà un succès bien préparé.

Le chef de cabale doit assister à la représentation générale. Il faut qu'il désigne à ses gens l'endroit à *coup*, ou le moment décisif; il doit être excessivement sobre d'applaudissements dans la première scène, il peut faire applaudir la

sonnes instruites et bien élevées aux parterres de l'Opéra, des Italiens et du Théâtre-Français, nous voulons seulement constater que les parterres des théâtres secondaires sont des places fréquentées par le populaire.

décoration ou le *lever d'ouverture*; cela ne
tire point à conséquence; et il avertit
par là l'auteur qu'il a tout son monde
sous la main. C'est à la fin d'une scène
qu'il doit principalement lâcher sa bor-
dée, soit pour étouffer dès sa naissance
un sifflet téméraire qui serait bientôt
suivi de plusieurs autres. Il ne faut pas
toujours croire que ce sifflet parte d'une
main ennemie. Un peu d'opposition est
utile au théâtre, comme à la Chambre;
mais, le fin de l'art, c'est de lâcher à propos un coup de sifflet précisément à l'endroit qui réunit tous les suffrages. Le
public, toujours juste quand il est en
masse, s'élève avec force contre cette
malveillance patente; les cris *à bas la
cabale! à la porte le sifflet!* vengent d'une
manière éclatante l'auteur ou l'actrice, et
cette injustice, promptement réparée,
est toujours suivie d'un assortiment re-
doublé de bravos.

C'est avec le plus grand discernement que le chef de cabale doit crier *bis* pour un couplet. Autrefois, le métier était plus facile : les mots *gloire*, *victoire*, *guerriers* et *lauriers* ne manquaient jamais leur effet : aujourd'hui il ne reste plus que quelques lardons lancés contre un ministre, quand la censure ou Son Excellence elle-même veulent bien le permettre, et quelques bonnes épigrammes contre les jésuites qu'elle ne permet pas. Il faut donc se raccrocher aux couplets de sentiment, de vertu ou de bienfaisance, tels que ceux où l'auteur aura parlé de l'incendie de Salins ou des Grecs.

L'art de demander le nom de l'auteur a aussi ses finesses ; le régisseur intelligent ne doit point obéir de suite à cette invitation ; les mains ont fait leur devoir pendant la pièce, c'est à présent aux gosiers à faire le leur. Quelques cris, *non! non!* doivent ranimer par intervalle, et avec plus de force, le désir de connaître le nom de l'auteur couronné. La toile doit se lever lentement pour donner à l'acteur le temps de prononcer distinctement le nom du lauréat. Les bravos doivent suivre immédiatement la première syllabe, il est quelquefois prudent que certains spectateurs n'entendent pas la seconde.

L'annonce est presque toujours faite par le principal acteur de la pièce ; les applaudissements qui accompagnent les trois saluts sont les droits qu'il touche sur la recette. Si son rôle a été brillant et de longue haleine, l'acteur doit paraître haletant et en désordre, l'intérêt qu'il inspire rejaillit encore sur la pièce.

Pendant la représentation, l'auteur ne doit pas quitter le théâtre, qui est pour

lui un véritable champ de bataille; il
doit parcourir les coulisses, rappeler à
l'acteur ses entrées, aller chercher au
foyer l'actrice qui oublie sa réplique, ré-
clamer le silence, et veiller à ce que le
souffleur n'oublie pas les coupures. Il doit
féliciter l'actrice à sa sortie de scène, encourager l'acteur à son entrée, et, par un
coup d'œil prompt et rapide, abréger la
scène qui est *travaillée* par une entrée su-
bite d'un autre acteur. Cette présence
d'esprit de l'auteur et de l'acteur est un
coup de maître, et plus d'un succès a été
ainsi enlevé à la pointe de l'épée.

Dieu soit loué, le rideau tombe, l'auteur est proclamé, les acteurs regagnent
leurs loges, les journalistes courent à leur
imprimerie, et le régisseur corrige déjà
l'affiche du lendemain.

L'auteur respire, il reçoit modestement

les éloges qu'on lui prodigue, il court de loge en loge remercier les acteurs, qui lui promettent d'être encore plus chauds les jours suivants; la duègne s'excuse d'avoir eu peur, la jeune première d'être enrhumée, la petite ingénue de son mal de tête, le père noble hasarde quelques conseils que l'auteur ne manque pas d'approuver, tout en se promettant de ne pas les suivre.

Ainsi finit, pour l'auteur heureux, cette soirée orageuse ; peines, travail, succès, dégoûts, tout est oublié, jusqu'à ce qu'une lourde chute le rappelle à la terre, dont le succès semble un moment l'avoir détaché.

CHAPITRE VIII.

Soirée au café du théâtre.

Le café d'un théâtre est le rendez-vous
de tous les oisifs et de tous les abonnés
ou habitués de ce théâtre. C'est là que,
dès le matin, on vient attendre l'auteur
de la pièce nouvelle pour lui demander
des billets, soit comme curieux gratis,
soit comme claqueurs honoraires. Un auteur doit s'abstenir de paraître au café de
toute la journée. Il lui serait impossible
de se refuser aux nombreuses demandes

qui l'y attendent. Il y a, à Paris, une partie de la population qui ne manque jamais d'assister à une pièce nouvelle, et
qui, de sa vie, n'a pris un seul billet au
bureau. De tels solliciteurs ne sont pas
les moins exigeants, et il en est plus d'un
qui, muni d'un billet d'auteur, croit
sa réputation d'homme d'esprit inté-
ressée à trouver la pièce mauvaise.

Il est certaines demandes de billets auxquelles un auteur ne peut se refuser. Un
créancier, un fournisseur, un propriétaire, une maîtresse, ont des droits trop
sacrés pour ne pas obtenir ce qu'ils demandent. Dans ce cas, le billet s'envoie
à domicile; ou bien on le dépose chez
son portier. On verra, au chapitre des
droits d'auteur et de *la vente des billets*, à
quel inconvénient expose trop de facilité
chez un auteur à prodiguer ses billets.

Si l'auteur doit s'abstenir de paraître
au café avant la représentation de son
ouvrage, il peut y reparaître après, et
jouir tout à loisir de son triomphe. Il est
entouré à l'instant d'un groupe d'amis
qui, tout en vantant le mérite de l'ouvrage, ne manquent jamais de faire son-
ner bien haut les incroyables efforts qu'ils
ont faits pour entraîner leurs voisins un
peu paresseux. La bouteille de bière, le
petit verre, le punch même, lui sont of-
ferts à la ronde. Ces compliments, plus
ou moins sincères, ont tous leur petit intérêt. Un ami qui a bien voulu se faire
étouffer pour vous au parterre se croit
des droits bien acquis à deux places d'orchestre ou de première galerie pour le
lendemain. Au milieu de ce concours
d'éloges, il n'y a rien de plus comique et
de plus digne de l'attention d'un obser-
vateur du cœur humain] que les félicitations que les auteurs ne manquent jamais

de prodiguer au cher confrère, pour éviter jusqu'au moindre reproche, au plus
léger soupçon d'une basse jalousie. Toutes
ces félicitations et ces éloges ont le même
fond de sincérité, mais la forme seule
varie.

C'est autour d'une table chargée de
bouteilles et de petits verres, dont l'auteur couronné est l'amphitryon, que s'é-
tablit l'examen de son ouvrage.—C'est un
ouvrage fort gentil, dira l'un ; ce qui veut
dire : la pièce n'est pas forte.

— Il y a de jolis couplets, reprend
l'autre; c'est-à-dire que le dialogue ne
vaut rien.

Demandez à celui-ci comment il a
trouvé la pièce, il vous répondra aussitôt
qu'il est arrivé lorsqu'on chantait le vaudeville final. Il est l'ennemi né de tout

5

succès qui n'est pas le sien, vous cour-
riez plutôt risque d'attraper une ruade
du cheval d'Henri IV, que d'entendre un
seul mot d'éloge sortir de la bouche de
cet envieux confrère.

Celui-ci proteste qu'il a ri comme un
fou, mais il regrette que la pièce finisse
un peu brusquement, que l'auteur n'ait
pas assez développé une scène charmante
qu'il n'a fait qu'indiquer. Il se fait expli-
quer plusieurs choses qu'il n'a pu comprendre. Il aurait désiré que le père eût
une autre profession que celle des armes, les militaires commencent un peu
à s'user au théâtre.

Cet autre entre brusquement et féli-
cite son cher ami de l'adresse avec laquelle il a rajeuni un sujet traité par
Dancourt et par Dufresni, ou bien, tout
gonflé d'une érudition, fruit de sa com-

pilation de la veille, il apprend aux auditeurs, qui ne s'en doutaient pas, que la pièce du cher ami n'est qu'une imitation assez servile d'un vieux canevas de Lélio ou de Romagnési.

Enfin l'aréopage, forcé de conclure, attendu la fin de l'entr'acte, déclare à l'unanimité que la pièce est charmante, mais qu'elle ne *fera pas d'argent !*

Ainsi s'écoule, pour l'auteur, la soirée qui suit son triomphe, et il remonte sur son Parnasse, impatient de lire les journaux du lendemain, où ses amis vont rendre compte de la pièce, avec autant de bonne foi et de charité qu'ils en faisaient l'éloge la veille.

CHAPITRE IX.

Le lendemain. — Articles des journaux

Il y a bien longtemps que l'on accuse les journaux de partialité et surtout les petits journaux littéraires, et cependant il y a une grande partie des lecteurs qui règlent leur jugement sur une pièce de théâtre d'après celui de la feuille à laquelle ils sont abonnés.

L'influence de ces petits journaux est incontestable, quoiqu'elle assez soit peu méritée; leur existence est tellement éphé-

mère que la malignité est leur élément
naturel. Le besoin de se faire des abonnés, et celui encore plus urgent de les
conserver, leur imposent l'obligation de
ne rien épargner pour stimuler chaque
matin la curiosité de leurs lecteurs. Tout,
pour un rédacteur de petit journal, est
de bonne guerre; et, dût l'auteur de la
pièce immolée en mourir de chagrin, le
premier devoir est de faire rire l'abonné;
et celui d'être juste dans l'examen, honnête et décent dans la critique, vient en
seconde ligne s'il y a lieu. Heureux, trois
fois heureux, l'auteur qui peut citer avec
honneur deux ou trois campagnes au bois
de Vincennes ou à la porte Maillot! Pour
celui-là la critique n'a plus de rigueur :
on excuse la chute de sa pièce, on pro-
clame son succès, on cite le couplet qui
a obtenu les honneurs du *bis*, et l'on
promet au théâtre de nombreuses recettes. Mais le pauvre auteur, dont l'hu-

meur pacifique ne veut pas compromettre son repos ou sa vie pour la gloire
d'un vaudeville, doit s'attendre à servir
de victime*.Plus heureux mille fois l'auteur qui se fait en même temps journaliste. « Il n'y a pas d'ouvrage mieux fait,
dit le proverbe, que celui que l'on fait
soi-même. » Il est d'usage qu'un auteur
journaliste donne à ses confrères l'analyse de la pièce, terminée par un petit
chant d'éloges qu'il rédige le plus modestement qu'il peut. Mais il se débar-
rasse de toute contrainte lorsqu'il écrit
dans son journal ; à l'aide de l'incognito,
il peut traiter son cher enfant avec toute
la tendresse d'un père ; il n'est pas rare,
dans les fastes de la petite littérature,
de voir l'auteur de son propre ouvrage
annoncer aux abonnés qu'il est un homme

---

* Pour la réfutation de ces lignes, nous renvoyons à ce que
nous avons déjà dit à la note du chapitre premier.

d'esprit, connu aux boulevards par de
nombreux succès. Chaque jour enfante
un nouvel article ! Fait-il chaud, la pièce
brave l'influence de la canicule, et le public vient chaque soir s'étouffer dans une
salle trop étroite ; avons-nous un froid de
dix-huit degrés, c'est encore une plus
grande affluence. La pièce a-t-elle été un
peu cahotée, il faut dire que les acteurs
ne savaient pas leur rôle, et qu'aujour-
d'hui, des coupures adroites et la mémoire plus sûre des acteurs ont assuré
pour longtemps à l'ouvrage de nombreuses représentations et une honorable place
au répertoire.

Encore une fois, soyez journaliste, et
vous pourrez compter sur la bienveillance
des confrères. Soyez auteur tout bonne-
ment, homme d'esprit, ayez du talent si
vous pouvez, ne fréquentez pas les cafés,
ne soyez pas enfin de la congrégation lit-

téraire, et vous pouvez être assuré d'un petit cours de littérature où l'on prouvera, chaque matin, que votre pièce est froide, ennuyeuse, et ne se traîne qu'avec peine jusqu'à la fin*.

---

* Tout cela était évidemment exagéré. Mais les critiques des grands journaux sont maintenant des écrivains dont l'autorité et l'impartialité sont reconnues de tout le monde et qui sont au-dessus des petites passions et des petits calculs que l'auteur du *Manuel* supposait devoir exister chez les journalistes de 1825. Même dans la petite presse, — et nous comprenons sous ce titre la presse spéciale dramatique, — on ne trouverait pas un seul exemple des turpitudes que signale l'auteur.

C'est peut-être ici le lieu de donner, dans l'intérêt des jeunes auteurs, la nomenclature des journaux spéciaux de théâtre. La voici par ordre d'ancienneté, avec le nom du rédacteur en chef de chaque feuille.

1. La *Revue et Gazette des Théâtres*. . . . . Réd. en chef : Achille Denis.
2. Le *Théâtre*. . . . . . — Louis Herlem.
8. Le *Messager des Théâtres et des Arts* . . . . — Paul Ferry.
4. L'*Europe artiste*. . . . — Charles Desolme.
5. La *Presse théâtrale*. . . — Giacomelli.
6. La *Causerie dramatique*. — V. Cochinat.
7. Le *Sans-Gêne* . . . . — De Malabar.

Et pour les journaux-programmes :

L'*Entr'acte*. . . . . . . Réd. en chef : G. Bertrand.
Le *Figaro-Programme*. . . — Jules Prével.
L'*Orchestre*. . . . . . — Ed. Vert.

C'est surtout sur l'esprit d'un directeur
de spectacle que l'auteur journaliste
exerce avec plus d'empire son influence!...
Le moyen le plus sûr pour un auteur de
faire jouer ses ouvrages sur un théâtre,
c'est d'abord d'étudier le faible du directeur. Quelques-uns sont acteurs eux-
mêmes, ou bien ils ont une maîtresse au
théâtre; voilà le véritable défaut de la
cuirasse; annoncez que mademoiselle X**
s'est enfin décidée à prendre sa retraite,
que les rôles d'amoureuses ne convien-
nent ni à son embonpoint, ni à son âge,
et le lendemain vous verrez votre pièce
sur l'affiche. C'est à l'aide de cet inno-
cente supercherie que vous parviendrez
à contre-balancer l'intrigue qui fait partie
de chaque troupe dramatique, et asssiége
sans cesse le cabinet du directeur! Dites
encore dans votre journal, ou faites dire
dans celui de votre confrère : Le public

s'aperçoit qu'on ne joue plus cette pièce ;
ou bien : Les recettes de tel théâtre dimi-
nuent de jour en jour ; pourquoi donc
a-t-on suspendu la représentation de tel
ouvrage ? Vous pouvez même ajouter,
d'un petit air chagrin : *Voilà comme l'on
tue un théâtre !...* Le lendemain on jouera
votre pièce, on fera cent francs ou cin-
quante écus de recette, qu'importe, vous
écrivez le lendemain : *La reprise du* . . . . .
*a eu hier tout le succès d'une nouveauté, on
a beaucoup ri, et le caissier a partagé l'hila-
rité générale, etc., etc.*

Croyez-moi, chers auteurs, faites-vous
amis des journalistes, ou, ce qui vaut
mieux, journalistes vous-mêmes, et vous
serez sûrs alors de vos succès. Si vous
n'avez pas le bonheur d'être membres de
cette confrérie littéraire, apprenez le
moyen de fléchir la critique et de rendre
plus humaine cette maligne déesse. C'est

une allégorie bien spirituelle que celle
du rameau d'or et du gâteau de miel
dont le pieux Énée eut soin de se munir
lorsqu'il descendit aux enfers. Que de
cerbères ont été endormis à l'aide de ces
somnifères puissants !... Qui ne reconnaît
dans ce rameau précieux les honneurs,
les dignités, les cordons qui ont fermé,
sinon les yeux, du moins la bouche à
plus d'un de nos publicistes ; et, dans ce
gâteau de miel, ces succulents dîners, ces
bonnes truffes du Périgord, qui ont fait
rédiger plus de lois dans une session que
Lycurgue et Solon n'en ont imaginé dans
toute leur vie !... O sagesse des anciens !
profonde philosophie de nos classiques !
on a beau vous traiter de *rococo*, vous ferez toujours la sagesse et la philosophie
des nations passées, présentes et à venir.
Mais revenons à notre sujet. Redoutez-
vous pour votre ouvrage le dard de ce
dragon qui veille aux portes du Par-

nasse, ne cherchez pas à le flatter, ne lui
dites pas :

« Eh ! bonjour, monsieur du corbeau,
« Que vous êtes joli, que vous me semblez beau ! »

il ne vous croirait pas et prendrait
cela pour une mauvaise plaisanterie.
Envoyez le matin prendre à son journal
un, deux, trois abonnements ; consacrez,
s'il le faut le produit de votre premier
ouvrage, les autres seront de petits chefs-
d'œuvre. A la Saint-Zoïle, envoyez se-
crètement une lampe en vermeil, une
soupière en argent, le fin tissu de l'Inde
ou le doux jus de Madère, de Constance
ou de Porto, et comptez sur sa reconnaissance : il devinera la main qui lui
fait le cadeau, et ne rougissez pas de
sacrifier à cette idole, de plus grands
talents que le vôtre se sont rendus ses
tributaires, et voilà ce qu'on appelle à
présent la littérature et la critique : Fré-

ron, Geoffroy, combien vous étiez honnêtes gens * !...

Telle est l'influence des journaux
qu'elle tire toute sa force de la susceptibilité de l'amour-propre des artistes,
fonds toujours inépuisable et fécond sous
la main de celui qui saura l'exploiter.
Mais à quel degré d'abnégation de soi-
même faut-il qu'un journaliste soit des-
cendu pour faire de l'éloge une marchan-
dise, ou de l'injure un capital ** ? Une

* Nous avons déjà dit que ce qui pouvait être vrai en 1825 ne
l'est plus en 1860. Nous n'insisterons pas davantage sur ce suje
et nous en référerons, du reste, à la deuxième note du présent
chapitre...

Disons, toutefois, qu'une opinion assez généralement ré-
pandue est qu'un des critiques du grand format, dont le nom
fait autorité, passe pour faire intervenir la quatrième page dans
ses feuilletons du lundi ; mais le talent de cet écrivain nous est
tellement sympathique que nous avons toujours refusé d'y
croire.

** Aujourd'hui, grâce à Dieu, il y a dans le journalisme plus
de dignité et de moralité, et l'auteur ou l'acteur inexpérimenté
qui croirait naïvement pouvoir acheter la conscience de son juge
et se présenterait chez lui à cet effet risquerait fort de se voir
jeter à la porte... et il l'aurait bien mérité.

seule chose excuserait l'ignorance d'un pareil trafic, c'est la bassesse des acheteurs. Allez donc couvrir son comptoir de vos offrandes, vous dont l'existence est attachée à votre talent, vous, acteurs médiocres qu'un seul coup de sifflet anéantirait comme le duvet léger du chardon ; vous, dont l'amour-propre payerait au poids de l'or un succès ; mais vous, modèles de notre scène, vous que la nature combla de ses dons les plus précieux, vous dont le public idolâtre honore la personne et le talent, rompez ces viles entraves, osez affronter ces mots piquants qu'enfante la joie de nos faubourgs, et, semblable à ce bouclier de l'acier le plus poli que le limaçon aurait souillé de sa glu impure, votre éclat, un moment terni, reprendra bientôt toute sa splendeur·

CHAPITRE X.

Les droits d'auteur. — Vente de billets. — Agents
dramatiques.

Il n'est pas de gain plus honnête que
celui qui a pour origine les efforts de
l'industrie, ou les productions de l'esprit. La profession de vaudevilliste, qui
ne ressemble pas mal aujourd'hui à un
métier, est à présent un état honorable
et lucratif; il n'est pas rare de trouver
des auteurs qui se fassent de leur plume

de 15 à 20,000 fr. de rente ; un d'entre eux a gagné le double dans une année*.

Les droits des auteurs ne se règlent pas dans chaque théâtre de la même manière. Dans les théâtres du premier ordre, les droits d'auteur sont d'une portion de la recette**, et cette portion varie

---

* Quelle simplicité primitive ! Il s'agit bien aujourd'hui pour nos *faiseurs* de gagner 20 ou 40,000 francs au théâtre ! M. Dennery, de la rue Quincampoix et autres lieux, en gagne jusqu'à 100,000 par an.

** Nous donnons ici le nouveau tarif des droits d'auteur au Théâtre-Français.

(Avant le décret du 19 novembre 1859, dont nous allons parler, la part des auteurs dans les bénéfices du Théâtre-Français était réglée ainsi qu'il suit :

1. Sur la recette diminuée du droit des hospices, on prélevait le tiers pour les frais.

2. Sur ce qui restait après ce double prélèvement, la part de l'auteur était :

Le huitième pour une pièce en 4 ou 5 actes.

Le douzième pour une pièce en 3 actes.

Le seizième pour une pièce en 1 ou 2 actes.)

Depuis le 19 novembre 1859, la part d'auteur dans le produit brut des recettes est de 15 p. 100 par soirée, à répartir entre les ouvrages, tant anciens que modernes, faisant partie de la composition du spectacle, conformément au tableau suivant

suivant le nombre des représentations. Dans les théâtres secondaires, ce droit se prélève sur la recette, mais dans une proportion déterminée et invariable; enfin,

---

1 pièce seule.			15 p. 100
2 pièces égales,	7 1/2 p. 100 chacune		15 —
4 ou 5 actes,	11 » — }	. . . . . .	15 —
1 ou 2 actes,	4 » — }		
4 ou 5 actes,	9 » — }	. . . . . .	15 —
3 actes,	6 » — }		
3 actes,	10 » — }	. . . . . .	15 —
1 ou 2 actes,	5 » — }		
3 pièces égales,	5 » — chacune.		15 —
4 ou 5 actes,	8 » — }		
1 ou 2 actes,	3 1/2 — }	. . . . . .	15 —
1 ou 2 actes,	3 1/2 — }		
4 ou 5 actes,	7 » — }		
3 actes,	5 » — }	. . . . . .	15 —
1 ou 2 actes,	3 » — }		
3 actes,	7 » — }		
1 ou 2 actes,	4 » — }	. . . . . .	15 —
1 ou 2 actes,	4 » — }		
3 actes,	5 1/2 — }		
3 actes,	5 1/2 — }	. . . . . .	15 —
1 ou 2 actes,	4 » — }		

Dans la plupart des autres théâtres, le tarif des droits d'auteur est de 12 p. 100 sur la recette brute à répartir proportionnellement entre les auteurs, tant anciens que modernes, dont les ouvrages composent le spectacle.

dans les théâtres placés dans la dernière
catégorie, les droits d'auteur se payent
par abonnement, et suivant le plus ou
moins d'actes d'un ouvrage.

Ce droit se touche, à Paris, soit par
l'auteur lui-même, soit par les soins d'un
agent fondé de pouvoir des hommes de
lettres qui travaillent pour les théâtres,
et dont il est le représentant. On ne peut
apporter plus de probité et de désintéres-
sement que cet agent, car il est le défen-
seur officieux des intérêts de ses com-
mettants, fort peu versés pour la plupart
dans les questions de droit autre que
celui qu'ils perçoivent. *

---

* Tout auteur joué sur un théâtre de Paris peut, moyennant
une cotisation annuelle et personnelle de 25 francs, faire partie
de la société des auteurs dramatiques.

Tout membre faisant partie de la Société des auteurs fait percevoir le montant de ses droits d'auteur par un agent fondé de
pouvoirs de la Société. Cet agent prélève sur les sommes qu'il
reçoit un droit de 2 p. 100 dont deux tiers constituent ses ho-

Outre le droit sur la recette, les auteurs sont autorisés à donner un nombre voulu de billets, le jour qu'un théâtre joue un ou plusieurs de leurs ouvrages *. Les administrateurs et les auteurs ne sont pas d'accord sur la nature et l'étendue de ce droit. Les premiers prétendent que ces billets signés par un auteur sont

---

noraires ; quant au dernier tiers, il est versé dans la caisse de la Société et forme un fonds de réserve avec lequel l'agent poursuit les procès qui peuvent intéresser la société.

* Voici quelques révélations assez curieuses sur cette importante question des billets d'auteur :

Pour les trois premières représentations, l'administration du théâtre donne aux auteurs un nombre suffisant de billets pour parvenir à bien *asseoir* le succès de la pièce, autant que cela est possible. Mais ce don est fait à titre purement gracieux, et un auteur ne serait pas rigoureusement en droit de l'exiger. Mais à partir de la quatrième représentation, c'est un *service* qui devient obligatoire pour le théâtre.

Ainsi, supposons qu'un théâtre donne à un auteur pour 50 francs de billets par soirée ; l'auteur va trouver le célèbre M. Porcher, ce dernier remet à l'auteur une somme de... et il signe des billets d'entrée pour toute espèce de places, jusqu'à concurrence de 50 francs.

La signature de M. Porcher est reçue au contrôle de tous les théâtres aussi bien que celle du directeur.

des *billets de faveur* qu'une administration leur accorde, et comme tels ne peuvent pas être vendus. Les seconds soutiennent au contraire que cette faculté de signer un certain nombre de billets n'est point une faveur administrative, mais bien un complément de leur droit ; qu'ainsi ils peuvent vendre ces mêmes billets, comme ils peuvent désigner les sommes qu'ils ont à prélever sur la recette. En attendant que les jurisconsultes aient décidé le cas, la vente des billets se continue sans patente, et cette branche d'industrie n'est pas la moins curieuse de toutes celles que l'on exploite à Paris. Parmi les nombreux dépôts de ces billets, il y en a quatre qui se distinguent des autres par l'assortiment complet que l'on trouve chez eux. Les billets des petits théâtres pullulent partout, mais ceux des Français et de l'Opéra sont plus rares. Le *café de la Bourse*, rue Joquelet-

Montmartre, le *café Ibled*, rue Traversière-Saint-Honoré, la *place du Caire*, et le dépôt de *Madame Bolivar*, rue Montmartre, regorgent tous les matins de billets de tous les théâtres *. Ces billets se vendent ordinairement moitié du prix des places au bureau. Mais quand il y a une pièce à fracas, le prix en est plus rapproché, dans les grandes chaleurs de l'été il s'en éloigne.

On ne conçoit pas, au premier coup d'œil, d'où peut venir cette masse effrayante de billets dont la vente publique, sinon autorisée, porte un dommage réel aux recettes des théâtres. Voici donc la source d'où sortent, de midi à deux heures, les liasses de billets que l'on

---

* Nous ne sachons pas qu'il existe maintenant à Paris d'autre dépôt de billets de théâtres que celui de la rue Jeannisson, près le Théâtre-Français.

trouve dans les quatre dépôts que j'ai indiqués.

1° Billets d'auteurs ; 2° billets d'administrateur ; 3° billets de service ; 4° billets de faveur. Chaque auteur a un nombre de billets par pièce, l'administration a également le droit de donner des billets ; le chef de cabale reçoit pour *service* des billets, et les amis des administrateurs en reçoivent d'eux assez souvent ; ajoutez ceux que les acteurs reçoivent du directeur lorsqu'ils jouent, et ceux que l'on donne aux figurants et aux comparses à titre de traitement, et l'on aura l'origine de cette quantité de billets en circulation.

Que les auteurs vendent leurs billets, cela me paraît juste, ils ne font qu'user de leur propriété ; ils ne leur sont point donnés à titre gratuit, c'est une partie de

leur droit. Mais que les administrateurs,
le chef de cabale ou ses amis trafiquent
d'une entrée gratuite et de faveur, voilà
un abus que l'on devrait faire cesser, et
qui blesse les intérêts du théâtre, des auteurs, et des pauvres auxquels la loi accorde une somme chaque fois calculée
sur la recette faite au bureau public. Ne
serait-on point tenté de croire que nous
exagérons en disant qu'il s'est vendu en
une seule année pour près de 200,000 fr.
de billets à Paris, et cependant le fait a
été consigné dans un journal, les auteurs, les pauvres et l'Opéra ont donc
bien évidemment perdu le droit qu'ils
avaient à percevoir sur cet accroissement
de recette, dont il ne reste aucune trace
sur le livre de caisse des théâtres? A la
vérité, par un esprit de justice bien entendu, les directeurs ont le plus grand
soin de faire payer aux auteurs, au prix
du bureau, les billets qu'ils ont donnés

au delà du nombre qui leur est prescrit,
mais nous n'avons pas encore entendu
dire que les directeurs de théâtre se
soient soumis à la même règle.

———————

CHAPITRE XI.

Des entrées sur le théâtre. — Panorama moral

Outre le droit que les auteurs perçoivent en argent sur la recette, il en est un autre auquel ces messieurs attachent une grande importance, c'est celui qui leur donne leurs entrées dans les coulisses, c'est presque pour eux un véritable droit du seigneur. Combien de petites faveurs n'obtiennent-ils pas de l'actrice qui veut souffler un rôle à sa chère camarade? On a vu ces dames (car c'est ainsi qu'on appelle les actrices de nos théâtres), on en a vu, dis-je, payer un rôle d'avance.

On ne saurait y mettre plus de complaisance.

C'est une erreur généralement accréditée dans le monde que les acteurs vivent entre eux dans une familiarité que l'on pourrait appeler d'un autre nom; cette opinion est loin d'être justifiée.

L'habitude, il est vrai, d'être ensemble, de se trouver sans cesse en contact de rivalité, de jalousie, rend l'intimité aussi facile que les dissensions fréquentes.

L'amour au théâtre n'est jamais une affaire sérieuse, c'est un plaisir qui a besoin de se renouveler souvent. Le talent, la réputation, les qualités personnelles d'un acteur ne décident pas toujours la préférence qu'on lui accorde. On s'aime au théâtre parce que l'idée ou le caprice le veut ainsi, et l'on cesse de s'aimer par le principe universel qui veut que tout ici-bas ait une fin. L'union des cœurs chez les acteurs se brise aussi facilement qu'elle se forme. On s'attache l'un à l'autre parce que l'on se convient, et l'on se quitte parce que l'on cesse de se convenir, il n'y a pas d'autres raisons; on n'en saurait trouver une meilleure.

Il est rare que la jalousie ou le dépit survivent à une rupture; on devient étranger l'un à l'autre. C'est pour une amante un véritable veuvage, et l'amour le plus ardent, une fois éteint, se change à peine en amitié. On souffre volontiers le nouveau don d'un cœur auquel on a rendu sa liberté, et le spectacle des nouveaux amants n'est point un objet pénible pour le prédécesseur dépossédé.

Nous n'entendons parler ici que des actrices célibataires, légalement parlant. L'hymen au théâtre jouit de la plénitude de ses droits ; il est certains ménages chez la *gent comique* qui pourraient servir de modèles à plus d'un ménage du grand monde ; si les maris ne se piquent pas d'une extrême fidélité, leurs femmes du moins n'usent pas du même privilége.

Nous avons dit que l'amour, chez les dames de théâtre, était plutôt l'effet d'un caprice que d'un sentiment réfléchi ; il est aussi chez quelques-uns le résultat d'un point de vue d'intérêt. Un auteur que la fécondité et ses nombreux succès ont rendu le plus ferme appui du théâtre et le maître du répertoire, un journaliste dont la feuille est un épouvantail, un directeur dont la volonté est une loi, ne sont pas des amants que l'on puisse impunément dédaigner. L'un donne des rôles, l'autre les fait jouer, et le dernier sait les faire valoir ; aussi les débutantes et les jeunes premières ne manquent pas de mettre en usage ce moyen infaillible de succès.

Le *favoritisme* exerce au théâtre un puissant empire. Pour une favorite, les répétitions n'ont pas d'heures fixes, le magasin point de costumes assez beaux, l'administration point de dépense impossible.

Outre les acteurs attachés au théâtre, il y a certains habitués qui font partie de la troupe ; leur nombre est fort restreint ; les ordonnances de la police sont très-sévères à cet égard : elle interdit rigoureusement l'entrée du théâtre aux personnes étrangères à son service.

L'auteur est le commensal né de la maison ; il doit veiller à ce que l'affiche

du lendemain annonce au moins un de
ses ouvrages. Il cause avec l'acteur auquel
il a confié un rôle, il cajole l'actrice à laquelle il en a promis un autre. Il doit
surtout être affable à tout le monde, il
n'y a pas un employé dont il ne puisse
avoir besoin. Un autre habitué des coulisses, c'est le journaliste en chef, qui
porte un intérêt plus particulier au directeur; il peut rendre mille petits services
à l'administration. Tantôt il stimule un
acteur qui se néglige, tantôt il modère
les sottes prétentions d'une actrice, il encourage une débutante, il dispense l'é-
loge ou le blâme, et on le consulte parce
tout le monde le craint.

L'avoué ou l'avocat-conseil du théâtre
est aussi un habitué nécessaire. Il défend
les intérêts de l'administration; il indique aux actrices le moyen légal d'ajour-
ner le payement du mémoire de la mar=

chande de modes ou de la couturière, il est, en un mot, chargé de tout le contentieux du théâtre.

Le médecin n'est pas le moins intéressant de cette réunion bizarre. Confident discret des petits chagrins de ces dames, il leur facilite un *relâche*, ordonne l'air de la campagne, et répare mille accidents auxquels leur profession les expose. Les jambes cassées des garçons de théâtre, les doigts écrasés du machiniste, les attaques de nerfs des actrices, les suites fort rares d'un duel, voilà quelles sont ses attributions, et c'est toujours gratis qu'il prodigue ses soins.

Les autres habitués se composent de certains fournisseurs, des plus forts actionnaires, s'il y en a, et de quelques amateurs privilégiés; véritables ragotins modernes.

« Ami des comédiens et vivant avec eux,
« Et de leur être bon se croyant trop heureux. »

Il ne faut pas oublier les mères des actrices, qui forment une classe particulière, et qui mériteraient à elles seules un chapitre tout entier. Ces dames sont là pour surveiller leurs demoiselles, et tâcher de conserver dans leur intégrité les bons principes qu'elles leur ont donnés dès l'enfance.

Il est au théâtre certaines actrices sur lesquelles la calomnie la plus ingénieuse ne saurait trouver à mordre *. Si le petit nombre de ces dames fait exception à la règle, c'est une raison de plus de ne pas le passer sous silence. Instruites par une longue expérience, ces tendres mères défendent avec un soin tout particulier leurs

---

* Les actrices du Gymnase et de l'Opéra-Comique, par exemple, passent pour être d'une vertu à *toute épreuve !!!*

jeunes filles contre les piéges et les séductions qui les entourent à chaque instant. Il ne faut pas une moyenne vertu
pour se contenter d'un cachemire bourre
de soie, du modeste peigne d'écaille, ou
de la simple boucle de ceinture en
acier, lorsqu'une camarade moins jeune
et moins jolie étale avec orgueil à la répétition le tissu de l'Inde, les diamants
ou le charivari en pierres de couleur. La
source de ces trésors est ouverte pour
tout le monde, et mainte ingénue y pui-
serait mieux que certaine jeune première.

Une mère attentive doit prévenir sa
fille contre l'attrait si puissant d'un rôle,
qui presque toujours est payé plus qu'il
ne vaut. Elle doit se tenir près de la cou-
lisse par où doit entrer sa fille, ou bien
l'attendre à sa sortie, le châle ou la pe-
lisse à la main ; elle doit surtout empê-

cher les colloques à voix basse, dont la dureté de son oreille ne lui permettrait pas d'entendre un seul mot. C'est ainsi que sa fille évitera le sort de tant de ses compagnes, et, si par ses soins ou par hasard un honnête homme offrait sérieusement *un sort* à sa fille, elle doit encore garantir son jeune cœur, si désintéressé à cet âge, des séductions si puissantes d'un premier amour, ou des erreurs si entraînantes d'un caprice.

Enfin, l'on trouve encore dans les coulisses les épouses légitimes des acteurs, qu'un petit grain de jalousie ou le besoin de la distraction amène au théâtre. Si l'acteur est un premier sujet, les égards les plus délicats, les marques les plus profondes de respect entourent Madame. Les auteurs ne l'abordent que le chapeau à la main, politesse dont ils se dispensent volontiers envers les autres. Les gar-

çons de théâtre lui apportent une chaise,
et malheur à la coryphée ou à la figu-
rante qui se permettrait de jouer avec le
cher mari: Pénétrée du sentiment de sa
dignité, elle répond par un sourire ou un
mouvement de tête aux saluts qu'on lui
adresse, et c'est toujours sous le bras du
cher époux qu'elle regagne le domicile
conjugal.

Tel est le tableau mouvant que pré-
sente chaque soir l'intérieur d'un théâtre, et si nous ne craignions de manquer
aux lois de l'hospitalité, que de scènes
piquantes viendraient se placer sous
notre pinceau !... Nous pouvons affirmer
à nos lecteurs que le spectacle qui se
passe derrière la toile leur paraîtrait
bien autrement amusant que celui qui se
joue devant les quinquets.

CHAPITRE XII.

Billets au bureau. — Contrôleurs. — Placeurs.
Ouvreuses de loges.

Bien que notre manuel soit destiné
surtout aux jeunes littérateurs qui vou-
draient se lancer dans la carrière si épi-
neuse du vaudeville, cependant, comme
il ne serait pas impossible que notre petit livre tombât dans les mains d'un de
ces protecteurs des talents, qui aiment
mieux payer pour voir un vaudeville
que d'en faire, la reconnaissance que
doit tout auteur à celui qui veut bien le

lire nous a fait un devoir d'insérer ici un chapitre spécialement consacré aux gens du monde.

Nous avons plus d'une fois gémi, nous à qui il est permis de circuler librement dans les vastes détours d'une salle de spectacle, en voyant les tribulations auxquelles est exposé chaque soir ce bon public, que l'on traite assez cavalièrement, tout en prenant son argent et l'amusant fort peu.

Ce n'est pas assez d'avoir éprouvé les intempéries de la saison à *la queue*, ou l'impassible sévérité d'un gendarme : de nouvelles contrariétés vous attendent depuis le bureau des billets jusqu'à la place que le hasard voudra bien vous donner.

Nous ne saurions trop recommander au

stationnaire à la queue de préparer le
prix juste des billets qu'il veut avoir ; sans
cette précaution, il doit s'attendre à une
erreur dans le compte de sa monnaie ou
dans la quantité des pièces qu'il reçoit ;
rien de plus dangereux que de donner
une pièce de 20 francs pour un parterre ;
autant vaudrait prendre sur-le-champ
un billet de balcon.

Une fois le billet obtenu au péril de
votre montre, de votre habit, et souvent
même de votre vie, il vous reste encore
à franchir la double porte, véritable
guichet qui ne ressemble pas mal à une
entrée de prison. Là vous attendent, sur
une double file, quatre ou cinq contrôleurs, criant à tue-tête pour se donner
de l'importance, appelant sans cesse les
gendarmes à leur secours, et maltrai-
tant avec une grossièreté impartiale la
loge louée et le *billet donné.*

Les *placeurs* dans un théâtre remplissent les mêmes fonctions que celles d'*arrimeurs* dans les ports de mer; ce sont eux qui sont chargés de placer à l'orchestre, aux galeries et au parterre, les spectateurs, à peu près comme l'on place des barriques dans la cale d'un vaisseau marchand. Là où toutes les règles de la géométrie ou de l'arpentage ne pourraient trouver place pour dix personnes, un' placeur intelligent en doit empiler vingt, juste dans cette proportion. *Passez messieurs, il y a beaucoup de place.* Tel est le protocole d'un placeur. Il faut vous glisser entre une haie de genoux pressés les uns contre les autres, écraser une file de pieds qui ne sauraient se remuer d'un pouce; lorsque vous êtes arrivé au bout du parterre, obtenir, à force d'importunités ou de coups de poing, de vous incruster entre deux voisins, à peu près comme un livre dans une bibliothèque*.

Il serait bien temps que l'autorité, qui jauge les futailles à la barrière, s'occupât un jour de mesurer l'étendue de nos parterres et de la proportionner, par une belle ordonnance, au nombre des spectateurs que leur curiosité ou la cupidité des entrepreneurs de théâtres, entasse chaque jour dans une salle. Il n'est pas plus facile de se placer dans une loge que partout ailleurs ; parcourez les corridors, vous verrez au-dessus de chaque porte un carton indiquant que la loge est *louée*, vous le croyez, et, par respect pour la propriété, vous allez chercher asile ailleurs.

---

* Malgré l'exiguïté des places dans nos théâtres, il faut reconnaître que cette comparaison n'est rigoureusement vraie qu'en ce qu'elle peut concerner les parterres de nos théâtres secondaires.

Apprenez le grand secret! tirez furtivement de votre poche une pièce d'argent un peu présentable, et soudain la porte s'ouvrira devant vous. Aussitôt madame l'ouvreuse s'emparera du chapeau de madame, du manteau de monsieur, elle apportera le petit banc d'usage ; ajoutez une autre pièce, et vous pouvez, à ce prix, acheter dans votre loge les douceurs d'un tête-à-tête, et, pour peu que le contrôleur en chef y mette de la bonne volonté, vous serez seuls l'un et l'autre, tandis que vingt autres se pressent, se heurtent dans les corridors, et finissent, de lassitude, par voir le spectacle par un trou.

Tels sont les tribulations, les ennuis, qui accompagnent chez nous ce qu'il est convenu d'appeler les plaisirs du spectacle. Notre plume se refuse à tracer les contrariétés sans nombre qui menacent le modeste billet donné. Il existe dans nos théâtres une loi cruelle qui défend à tout porteur de billet gratis de sortir pendant une soirée entière, sous peine de perdre sa place *; on ne vous laisse plus rentrer, et plus d'un favorisé d'un billet gratis s'est vu contraint, pour rejoindre sa femme, de prendre un billet payant au bureau.

Il est inconcevable que l'autorité, dont la surveillance s'étend jusqu'à nos plaisirs, ne fasse pas cesser de pareils abus ! Pourquoi chaque spectateur n'est-il pas assuré de sa place ? Pourquoi nos parterres ne sont-ils pas mesurés comme les cailloux de la banlieue ? Pourquoi les contrôleurs ne sont-ils pas plus polis ? Pourquoi les ouvreuses de loges ne sont-

---

* Cette *loi cruelle*, qu'il eût été plus juste de qualifier de réglement absurde, n'existe plus maintenant.

elles pas plus honnêtes ? Autant vaudrait
demander pourquoi tel auteur, que le
public repousse, paraît chaque fois bon
gré, mal gré. La raison de cet abus, c'est
que les administrations théâtrales ne sont
rien pour le public, qui fait tout pour leur
fortune ; et si le parterre n'avait pas,
pour compensation de ses misères, le
droit de siffler un pauvre auteur qui n'en
est pas la cause, la place ne serait pas
tenable ; mais le public de nos parterres
se croit *souverain*, à peu près comme le
peuple qui, sous le bon Mazarin, souffrait,
payait, et se laissait opprimer, à con-
dition qu'il aurait la permission de
chanter.

CRAPITRE XIII.

Derniers moyens de parvenir.

L'influence des femmes, si puissante dans les affaires publiques, ne se borne pas aux bureaux de nos ministères, elle n'a pas moins de crédit auprès des administrations de nos théâtres ; on peut même dire qu'elle est là dans son véritable empire.

Un jeune auteur, célibataire, bien entendu, car notre manuel ne prétend blesser en rien les mœurs et la décence, un jeune auteur, disons-nous, doit donc se consulter longtemps avant de choisir celle des actrices qui doit lui inspirer le plus d'intérêt. Loin de lui ces coups de sympathie, ces unions qui semblent écrites là-haut, ces attractions et ces rapports à la Mesmer qui sont autant de folies, qui coûtent beaucoup et rapportent peu. Un auteur doit donc examiner longtemps avant de choisir sa protectrice. Une beauté remarquable, un talent reconnu, un caractère aimable, une conduite sage qui ressemble presque à une plante exotique, tant le sol de nos théâtres lui est peu favorable, ne doivent pas décider du choix d'un auteur de vaudevilles. C'est beaucoup moins un attachement sérieux qu'il doit chercher qu'un moyen de plus de parvenir.

Quelle que soit l'impartialité qui dis-

tingue nos directeurs de spectacle, ils
n'en sont pas moins sujets à toutes les
faiblesses de l'humanité. Il est peu de
théâtres qui ne comptent leur favorite; ce
ne sont pas toujours des services rendus à
l'administration ou bien au talent extraor-
dinaire qui proclament une sultane; et il
arrive quelquefois que le public ne partage pas la prévention favorable du directeur. Cette préférence accordée à une
actrice sur ses autres camarades n'est
que trop souvent la source de mille abus,
aussi funestes à la prospérité d'un théâtre
que nuisibles aux vrais intérêts du public; mais l'Amour, ainsi que la Fortune,
porte un bandeau, et nos directeurs ont
plus d'un moyen de se faire illusion.

Voilà ce qu'un auteur doit observer
avec soin: une fois honoré de la bienveillance de la favorite, il ne rencontre plus
aucun obstacle. Le comité de lecture n'a

pas pour lui de rigueur, il voit tous les
jours s'augmenter son répertoire; pour
lui un médiocre succès est une longue
suite de représentations; les tours de
faveur lui sont dévolus; les jours de spectacle, appelés les bons jours, ne manquent pas d'offrir au public un ou deux
de ses ouvrages; en un mot, il n'est
point pour lui de morte-saison.

Une fois notre auteur adopté et son crédit bien reconnu au théâtre, les collaborateurs assiégent son cabinet; chacun lui
offre un ouvrage et compte sur une réception. Il est pour le favori certains devoirs à remplir. Quelque soit le talent de
la favorite, le meilleur rôle d'un ouvrage
lui appartient de droit. Ni l'embonpoint
de sa taille ni la médiocrité de son talent ne peuvent dispenser l'auteur de la
reconnaissance. Hâtons-nous de rassurer
l'auteur un peu novice qui douterait de

l'efficacité de notre conseil. Qu'il ne craigne pas de se faire un ennemi de son rival ; la bienveillance de la favorite lui garantit celle du directeur. Sous le charme invincible qui l'enchaîne, il ne voit que par ses yeux, n'aime que par ce qui peut lui plaire, et, comme la fameuse Thaïs, cette enchanteresse aurait la bizarre envie de voir brûler son palais de toile peinte et ses bosquets de carton, que peut-être le plus soumis de ses esclaves y mettrait-il le feu lui-même.

Cette bienveillance pour notre auteur, acquise souvent par tant de peines, et le plus souvent grâce au hasard, est donc un moyen sûr de parvenir. Mais aussi quel soin et quelle étude ne lui faut-il pas pour conserver cette faveur si fugitive ? Une seule maladresse, un rôle plus brillant donné à une rivale lui ferait perdre en un seul jour le fruit de tant de soins. Si la répétition de son ouvrage démontre la nécessité de quelques coupures, c'est rarement sur le rôle de la favorite qu'il doit exercer ses ciseaux. Il faut qu'il fasse de bonne grâce à sa protectrice le sacrifice d'un air ou d'une scène qui pourrait s'éclipser; enfin, c'est elle qui tient dans sa main le succès ou la chute de l'ouvrage.

Voilà par quel moyen l'acteur établira au théâtre son influence : il faut qu'il évite avec soin les soupçons jaloux, et surtout les querelles; qu'il excuse un caprice, souffre un moment de mauvaise humeur ; enfin son amour doit être une spéculation plutôt qu'un sentiment, et un moyen de parvenir bien plus que celui d'être heureux.

CHAPITRE XIV.

Liste des membres composant les comités de lecture des différents théâtres seconlaires *.

Nous croyons rendre service aux jeunes auteurs en leur donnant ici la nomencla-

---

* Bien que ce chapitre n'ait plus maintenant aucune espèce d'utilité, nous l'avons néanmoins conservé comme une page curieuse d'histoire littéraire.

Nous allons maintenant donner le nom des écrivains qui

ture des membres composant les comités de lecture dans les théâtres secondaires. Nous laissons aux entrepreneurs de biographies à s'emparer de ce chapitre.

THEATRE DE S. A. R. MADAME.

MM. DELESTRE-POIRSON, *directeur*.
DORMEUIL, *régisseur*.
GERMAIN DELAVIGNE.
PONCELET.
LE GROSEILLIES.
MALITOURNE.

---

exercent la critique dramatique dans les journaux, revues e écrits périodiques.

Nous allons d'abord commencer par les journaux quotidiens, en suivant, autant que possible, l'ordre d'ancienneté. Nous feron exception pour le journal officiel et nous commencerons par :

1. Le *Moniteur*, 13, quai Voltaire, feuilletoniste. . . . . Théophile Gautier·
2. *Journal des Débats*, 17, rue des Prètres-Saint-Germain-l'Auxerrois . . Jules Janin.
3. La *Gazette de France*, 5, rue Coq-Héron . . . . Tiengou.
4. Le *Constitutionnel*, 10, rue de Valois. Fiorentino.
5. L'*Union*, 3, rue Neuve-des-Bons-Enfants . . . . Escande.

THÉATRE DU VAUDEVILLE

(rue de Chartres).

MM. Désaugiers, *directeur.*
Barré.
Radet.
Piis.
Nugens.
Bizet.
Coupigny, *secrétaire.*
Méli-Jeannin.
Lesourd.
Chabaud-Latour.
M.....

---

6. Le *Siècle*, 16, rue du Croissant . . De Biéville.
7. Le *Presse*, 123, rue Montmartre . . Paul de St-Victor.
8. La *Patrie*, 12, rue du Croissant . . Édouard Fournier.
9. Le *Pays*, 11, rue du Faubourg-Mont-
martre. . . . . G. de Saint-Valry.
10. L'*Opinion nationale*, 5, r. Coq-Héron. Francisque Sarcey.
11. La *Nouvelle*, 10, rue du Faubourg-
Montmartre . . . . Achille Denis.
12. Le *Charivari*, 16, rue du Croissant . Henri Rochefort.
La *Revue des Deux-Mondes*, 20, rue
Saint-Benoît . . . . Emile Montégut.
Revue contemporaine, rue Mazarine . . Emile Chasles.
Revue européenne, quai Voltaire . . . Henri de Pène.

THÉATRE DES VARIÉTÉS.

MM. BRUNET.
CRÉTU.
LESPINASSE. administra-
DESPREZ. teurs-pro-
DE SAINT-GÉRUD. priétaires.

PIIS.
VIAL.
LAFORÊT. membres
MALITOURNE. adjoints.
NUGENS.

LOMBARD DE LANGRES, avocat-
consultant et secrétaire de l'administration.

Revue Nationale, 28, quai de l'École.	Taxile Delord.
Correspondance littéraire, 7, r. des Grés	Louis Enault.
Les Beaux-Arts, 19, rue Taranne . . .	S. de Nouilly.
Le Courrier du Dimanche	Denis de Rivoire.
L'Illustration, 60, rue Richelieu . . .	A. de Belloy.
Le Monde illustré, boulevard des Italiens	Ch. Monselet.
Le Sport, rue Beaujon (Tattersall). . .	Eugène Chapus.
Le Figaro, 21, boulevard Montmartre. .	B. Jouvin.
Le Gaulois, 7, rue Filles-Saint-Thomas .	Dell'Bricht.
Le Diogène, 30, rue Saint-Marc . . .	Eugène Varner
Le Tintamarre, 5, rue Coq-Héron . .	Commerson.

THÉATRE DES NOUVEAUTÉS.

M. Bérard, *directeur tout seul.*

THÉATRE DE LA GAITÉ.

MM. Martainvillle, *directeur.*
    Pixérécourt.
    Dubois.
    Marty, *régisseur.*
    Pélissier.
    Victor Ducange.

THÉATRE DE L'AMBIGU-COMIQUE.

MM. Sennepart, père et fils.
    Hubert.
    Warès.

THÉATRE DU CIRQUE-OLYMPIQUE.

M. Franconi (Meinette), *directeur.*

THÉATRE DE LA PORTE-SAINT-MARTIN.

MM. MERLE,
    DESSERRE,
    DEMONGENET,   *administrateurs.*
    GROSNIER,
    BOERIE, *régisseur.*

THÉATRE DES ENFANTS DE M. COMTE.

MM. COMTE, *père de la troupe.*
    ARMAND, *régisseur.*
    EMILE VANDERBURG.
    BERTEAUX, *coiffeur et sous-régisseur.*

CHAPITRE XV.

Des demandes de lecture aux comités. — De la copie du manuscrit et des rôles. — De la vente du manuscrit au libraire.

Les demandes de lecture s'adressent par écrit ou verbalement aux directeurs; elles s'inscrivent sur un registre particulier, et portent un numéro d'ordre. Les pièces dites de *circonstance*, ou de *parodies*, se lisent à la volonté du directeur, aux termes du traité qui règle les tours de mise en scène. Tout ouvrage reçu et non joué dans l'année de sa réception

donne droit à l'auteur à une indemnité
de 1,200 fr. Cette clause du traité reçoit
rarement son exécution. Il serait peu
prudent à l'auteur d'en exiger l'application ; ses ouvrages reçus ou à recevoir
pourraient s'en trouver fort mal.

L'auteur prêt à être mis en répétition
doit fournir au théâtre deux copies de son
manuscrit, l'une destinée à rester dans
les archives de la police, et l'autre pour
servir de *répétiteur* au souffleur du théâtre.

Il faut également fournir aux acteurs
individuellement une copie de leurs rôles.

Le choix du copiste n'est pas indifférent, il doit être le discret confident des
auteurs. Une pièce souvent donne à un
confrère l'idée d'en faire une autre, ou
de placer le même personnage dans son
nouvel ouvrage. Le copiste doit donc
s'abstenir de toute confidence ou com-

munication des manuscrits qu'on lui
confie. Le prix de copie est ordinairement de cinq francs par chaque acte ou
vaudeville, et de six francs pour les copies de rôle.

La vente des manuscrits au libraire se
fait à prix convenu, comme pour les
pièces de M. Scribe, ou à prix débattu
pour les autres auteurs. Tantôt le libraire,
peu confiant dans le succès de la vente de
l'ouvrage, en partage le bénéfice après le
prélèvement des frais; tantôt il paye une
somme comptant, en se réservant un
tiers dans les droits d'auteur pour la
province; quelquefois, mais rarement, il
imprime l'ouvrage aux dépens de son
auteur.

Il est d'usage de déposer trois exem-
plaires aux archives du théâtre, et d'en

donner un à chacun des acteurs qui ont joué dans la pièce. C'est une aimable galanterie que de faire lithographier le portrait de l'actrice principale ou de l'acteur aimé du public. Cette attention délicate offre encore un avantage : c'est celui d'indiquer aux directeurs de province le costume dans toute sa fidélité.

Quant aux frais de copie de la musique d'un vaudeville, c'est le théâtre qui s'en charge ; les partitions deviennent la propriété de l'administration; quelquefois les auteurs payent au chef d'orchestre un air nouveau composé exprès pour eux.

CHAPITRE XVI.

Conclusion et moralité de l'ouvrage.

Nous sommes loin de nous flatter d'avoir rempli notre tâche ; du moins avons-nous essayé de préparer aux jeunes auteurs que leur talent destine au théâtre le chemin si pénible, et hérissé de tant d'obstacles, qui conduit au succès.

N'est-ce donc point assez de la difficulté de réussir, sans avoir encore à lutter contre tout ce que l'intrigue a de plus adroit, et la prévention de plus injuste? Loin de déchirer le voile, nous n'avons fait que le soulever.

Aidé de notre manuel, un auteur pourra connaître à l'avance les dégoûts qui l'attendent dans une carrière où le talent n'est pas le plus sûr moyen de réussir.

Si la publicité que nous avons donnée à ces petites ruses administratives peut corriger quelques abus, réparer quelques injustices, jamais ouvrage n'aura obtenu un succès plus flatteur.

La malignité n'a point conduit notre plume; pénétré des devoirs d'un auteur envers le public, nous avons voulu rappeler aux directeurs ceux qu'ils ont aussi à remplir. Ennemi juré de tout monopole, étranger à toute coterie, nous n'avons cherché à venger aucune injure, nous n'avons dit que ce qui est, mais no

pas tout ce qui est, et plus d'un administrateur de théâtre nous devra quelque
reconnaissance.

Nos portraits se composent de plusieurs traits recueillis au hasard, et leur
application en particulier pourrait trom-
per nos lecteurs et devenir une injus-
ice.

FIN.

TABLE DES MATIÈRES.